AF311671

COURS ÉLÉMENTAIRE

DE

DROIT PÉNAL

A L'USAGE DE

L'INSTRUCTION PRIMAIRE

PAR

P. DE LAMOULIÈRE

Chevalier des ordres des SS. Maurice et Lazare du Mérite civil, etc.
Membre de la Société des Gens de lettres, etc.

Ouvrage honoré, *par le Ministère de l'instruction publique,*
de deux souscriptions (1870-1872) pour le service des
bibliothèques scolaires.

3ᵉ ÉDITION

PARIS

CHEZ CH. SCHILLER, ÉDITEUR

Faubourg Montmartre, 11

ET CHEZ TOUS LES LIBRAIRES

—

1872

AVANT-PROPOS

AUX INSTITUTEURS

L'enseignement élémentaire du droit, dans nos écoles primaires, a préoccupé d'éminents publicistes, de savants jurisconsultes.

Différents petits traités, dont nous apprécions le mérite et l'utilité, ont été publiés sur le droit civil, le droit commercial, etc.

Mais, sur le droit pénal, cette pierre fondamentale de la morale publique, il n'a rien été écrit pour l'instruction primaire.

Surpris de cette lacune, nous tentons de la combler en réunissant, sous une forme simple, les principaux articles de la loi criminelle.

Notre modeste livre a pour but : d'indiquer à l'enfant, sur la route à parcourir en ce bas monde, les écueils à éviter; de lui inculquer profondément dans l'esprit les fautes, les délits, les crimes que la société punit; de lui apprendre quels sont les fonctionnaires chargés d'appliquer la loi.

Le catéchisme, les livres saints, le prêtre, sèment et font germer chez l'enfant le respect, l'amour et la crainte de Dieu.

N'est-il pas une autre crainte que chaque homme devrait ressentir ?

Celle de la loi.

Or les enfants, au sortir de leur modestes classes, ignorent presque tous : « *ce que nul n'est censé ignorer.* »

Et, s'ils l'apprennent, c'est par une expérience après laquelle ils n'osent plus relever le front.

Nous espérons que notre livre sera pour eux un salutaire avertissement, clair, rapide, simple, qui préviendra les châtiments, et qui, devenant un complément de l'instruction primaire, préparera à la justice des loisirs précieux et à la société et à la morale.

Le sens de la loi pénale est, par sa nature même, plus facile à comprendre que celui des autres lois, et son enseignement ne présente pas de difficultés intellectuelles aux élèves de huit à seize ans qui fréquentent nos écoles communales.

L'enfant le plus inintelligent saura répondre, en connaissance de cause, après avoir étudié notre livre, quand dans la forme dialoguée que nous avons choisie, comme étant la plus propre à graver nos instructions dans la mémoire, on lui demandera: A quoi s'expose celui qui commet tels ou tels délits, tels ou tels crimes ?

L'enseignement des éléments de droit pénal doit, nous n'en doutons pas, inspirer à l'enfant l'horreur du crime, la crainte des peines réservées à tout ce qui trouble l'ordre social, le respect dû aux lois et aux fonctionnaires qui les représentent.

Connaître le danger, n'est-ce pas pouvoir l'éviter ?

Prévenu des risques qu'il court, renseigné sur la portée des actes coupables qu'il pourrait être enclin à commettre, l'enfant, sorti de ses études primaires, saura se garder des fautes qui amènent sur les bancs des tribunaux, quand on s'écarte des devoirs d'honnête homme.

La loi civile lui apprendra plus tard à bien régler ses affaires.

Mais n'importe-t-il pas que la loi pénale lui apprenne d'abord à respecter ses semblables, la propriété et les autorités publiques?

Et la société n'aura-t-elle pas moins souvent, par la suite, à punir les hommes si, enfants, elle leur a appris à respecter et à redouter sa justice?

Nous aurions pu compliquer notre livre par des exemples et des commentaires, mais nous avons pensé qu'il était plus naturel de ne résumer simplement que le texte si clair des lois pénales, afin de laisser l'interprétation, les exemples et les considérations à en tirer, à l'initiative des instituteurs dont le zèle éclairé obtient généralement d'excellents résultats, dans la démonstration des livres pédagogiques qui servent de base à l'instruction publique.

Notre travail leur donne le sujet; ils le traiteront, nous en sommes convaincu, avec leur discernement habituel, et nous comptons trouver en eux d'intelligents et utiles interprètes.

Si nous avons été sobre de textes, c'est que ce petit livre n'a pas la prétention d'être un code criminel, un cours de pénalité, à l'usage des étudiants en droit.

Il s'adresse exclusivement aux enfants.

Or, ce qu'il importe de leur graver dans le cœur

et dans la mémoire, c'est principalement l'esprit de la loi dont il nous a paru superflu de citer le texte précis, et les numéros des divers articles qui la composent.

Pour nous expliquer plus clairement encore, nous dirons aux enfants qu'une action n'est pas condamnable, par cela seulement qu'on peut lui appliquer tel ou tel article du Code pénal.

Elle est coupable surtout et avant tout, parce qu'elle est contraire à la conscience dont la loi n'est que la manifestation écrite.

P. DE LAMOULIÈRE.

COURS ÉLÉMENTAIRE

DE

DROIT PÉNAL

Des fonctionnaires de la commune.

Le Maire.

Le corps municipal de chaque commune se compose du Maire, de ses Adjoints et des Conseillers municipaux.

Le Maire seul administre.

Il veille au maintien des droits et à l'accomplissement des devoirs de ses concitoyens ; il a, à cet effet, le droit de requérir la force armée.

La conservation des édifices et propriétés immobilières et mobilières des communes est placée sous sa responsabilité immédiate, ainsi que la construction de nouveaux édifices et tous les travaux communaux en général.

Il administre les revenus de la commune, avec l'assistance du Conseil municipal et sous le contrôle du Sous-Préfet et du Préfet.

Il a la surveillance des hospices, de tous établissements de bienfaisance et des prisons.

Il est chargé de la police municipale et rurale.

Comme délégué du gouvernement, le Maire est officier de l'état-civil ; en cette qualité il dresse les actes de naissance, de décès et de mariage, veille à la confection des tables alphabétiques, annuelles et décennales.

Il exerce les fonctions de juge de simple police.

Chaque Maire est officier de police judiciaire ; comme tel, il constate les crimes et les délits, en recueille les circonstances et les preuves, et livre leurs auteurs aux tribunaux.

Dans les communes où il n'existe point de Commissaire de police, le Maire doit rechercher les crimes, délits et contraventions, même ceux qui sont spécialement du ressort des gardes-champêtres et agents forestiers, et en livrer les auteurs aux tribunaux.

Le Maire exerce, comme délégué du gouvernement, la police générale dans l'étendue de sa commune.

Les lois lui donnent des attributions relatives à l'armée et à la marine.

Il concourt à l'assiette de l'impôt direct, en assure le recouvrement, protége les préposés des impôts indirects dans leurs fonctions, et les citoyens contre les actes arbitraires auxquels l'exercice de ces fonctions pourrait donner lieu.

Il assure la libre circulation des grains. Il réprime la mendicité, le vagabondage. Il délivre les passe-ports, les permis de chasse.

Le Maire doit prescrire l'évacuation des cabarêts à une heure fixée ; surveiller les fraudes de cartes et interdire les jeux de hasard ; réprimer les cris, jurements, tapages et excès d'ivrognerie ; prendre les noms des étrangers qui séjournent dans la commune ; exhorter les mineurs à retourner dans leurs familles et avertir leurs parents.

Le Maire veille, en un mot, à tout ce qui tient à la sûreté des personnes, la conservation des propriétés, la salubrité publique.

Le Commissaire de Police.

Le Commissaire de police est un magistrat.

Il remplit à la fois des fonctions administratives et judiciaires.

Il veille au maintien de l'ordre public, protége la sûreté individuelle et publique.

Il est officier de police judiciaire, et, comme tel, il recherche les infractions aux lois et en poursuit la punition. Il reçoit les rapports et les plaintes sur les crimes et délits qui se commettent dans l'étendue de son ressort, en dresse des procès-verbaux, procède, au cas de flagrant délit, à l'arrestation des coupables et les livre à la justice.

Ces fonctions sont importantes et exigent, chez celui qui les remplit, un grand esprit de conciliation, en même temps qu'une juste sévérité dans l'accomplissement de devoirs souvent pénibles.

Dans les communes où il n'y en a pas, ce sont les maires qui en remplissent les attributions.

Les Commissaires de police portent, comme insigne distinctif, une écharpe aux couleurs nationales.

Le Garde-Champêtre.

C'est un agent de la force publique préposé à la garde des récoltes.

Quiconque outrage un Garde-Champêtre, soit par paroles, par gestes ou menaces, passe en police correctionnelle, et peut, selon les circonstances, être condamné à l'amende ou à la prison. La peine est plus forte, lorsqu'il y a rébellion.

Le Garde-Champêtre veille à la conservation des récoltes, des fruits de la terre et des propriétés rurales de toutes espèces.

Il constate par un procès-verbal les délits de chasse.

Il empêche les conducteurs de bestiaux de les laisser pâturer sur le terrain d'autrui.

Il peut saisir et mettre en fourrière les troupeaux atteints de maladies contagieuses, trouvés en pâturage dans d'autres endroits que ceux qui leur ont été indiqués par le maire.

Il doit dresser des procès-verbaux des envahissements, empiétements, dégradations sur les chemins vicinaux et rues, et les envoyer au maire.

Il est tenu d'informer le maire ou le commissaire de police de tout ce qu'il découvrira de contraire au maintien du bon ordre et de la tranquillité publique.

Le Prêtre.

A moins d'avoir reçu, dès l'enfance, de fâcheux enseignements, qui ne respecte l'homme revêtu du caractère sacré de ministre de la religion?

Le Prêtre ne préside-t-il pas à notre naissance? ne bénit-il pas le mariage? ne dit-il pas, au nom de Dieu, la suprême prière sur notre cercueil? des premiers jours de notre vie à notre heure dernière, n'anoblit-il pas la destinée par l'idée de l'immortalité dont il est l'apôtre?

Nous enseigner les rapports de la créature avec le Créateur; nous tracer les devoirs que l'existence nous impose, nous prêcher la fraternité que nous devons à notre prochain, l'adoration et l'amour que nous devons au Seigneur, telle est la loi de son ministère, tels sont l'emploi et le but de sa vie toute entière.

C'est auprès de lui que, dans les grands malheurs, les inconsolables vont chercher des consolations. Il sait rendre à l'espoir ceux qui désespèrent, à la croyance ceux qui doutent, à l'affection ceux qui haïssent; et il sait encore faire bénir celui qui était prêt à maudire. Répétant les paroles de son divin Maître : *Aimez-vous les uns les autres,* dit-il à ceux qui s'entre-déchirent par des paroles ou des actes d'inimitié. — Pardonnez à qui vous offense, dit-il encore à celui qui s'apprête à la vengeance. — Qui donne aux pauvres prête à Dieu, ajoute-t-il en indiquant aux riches les asiles désolés de la misère ; et enfin, se penchant sur le lit d'un mourant qui regrette la vie : — Vous allez à l'immortalité ! murmure-t-il à son oreille en lui montrant le Ciel.

Et si, de ces devoirs qui touchent aux grands mouvements de l'âme, nous passons aux vicissitudes de la vie de tous les jours, qui ne sait combien de consolations l'on trouve auprès de ces humbles prêtres ayant fait, prenant Dieu à témoin, le serment de tout entendre et de ne jamais rien révéler, de donner de la main droite sans que la gauche en soit instruite, et, pour tout dire, de répondre par des paroles de paix à ceux qui répandent sur lui l'injure.

Que de fois, par des nuits d'hiver, et seul au milieu d'une campagne désolée par la rigueur de la saison, que de fois ne voit on pas un prêtre quitter hâtivement son lit pour aller, à l'appel d'un mourant, donner cette céleste bénédiction qui semble entr'ouvrir un coin du ciel à celui qui la demande !

Il sait enseigner la résignation au pauvre sur son grabat, en lui faisant comprendre que la vertu est une grandeur. Il sait rendre le riche à l'humilité, en lui rappelant que l'infortuné a des droits plus sacrés que les siens à la protection divine.

Nous rendre humbles, compatissants, charitables, humains, telle est la mission du prêtre en vue de notre bonheur ici-bas; élever, anoblir, purifier nos âmes, telle est sa seconde mission en vue de notre immortalité là-haut.

***

L'Instituteur.

L'Instituteur est investi d'une sorte de magistrature, d'un véritable sacerdoce. Si le prêtre forme l'homme religieux, l'homme moral, l'Instituteur forme l'homme civil, le bon citoyen. Il apprend à l'enfant à aimer et à respecter ses parents, le chef de l'Etat, la loi, la patrie, ainsi que ses semblables.

Un fonctionnaire public, qui a charge d'un enseignement aussi important, a droit à la considération des habitants de la commune. Mais aussi l'Instituteur, digne de ce nom, a de grands devoirs à remplir.

Si j'étais maître d'école, dit M. de Cormenin, j'estimerais mon humble métier au-dessus de tous les métiers du monde, et je rendrais chaque jour grâce à Dieu de ce qu'il m'est permis de former des cœurs et des intelligences.

Je m'inspirerais l'amour de mes devoirs, et je m'attacherais surtout à relever ce qui est bas, à soutenir ce qui est faible, à éclairer ce qui est ignorant, à moraliser ce qui est vicieux.

Je rassemblerais autour de moi mes élèves, et j'étudierais leur caractère et leurs penchants dans leurs leçons, dans leurs yeux, dans leurs sympathies, dans leurs rivalités et dans leurs raccommodements.

Mes enfants, leur dirais-je, mes chers enfants, je sens que j'ai pour vous des entrailles de père, et vous devez m'aimer, puisque je vous aime ; écoutez-moi bien !

Ce n'est pas tout que de savoir lire, écrire et charbonner sur le tableau quelques chiffres et quelques figures.

Vous avez un Dieu que vous devez adorer, car il est votre créateur et votre père à tous. Il voit tout, il entend tout, il connaît tout, il sait tout. Il lit du haut du ciel dans le fond de vos cœurs, et rien ne lui échappe, la nuit ni le jour, rien de ce que vous dites, de ce que vous faites, de ce que vous pensez.

Que Dieu soit toujours devant vous, et que vous soyez devant lui !

Vous avez des supérieurs dans vos magistrats, souvenez-vous que *l'obéissance à la loi* est le devoir de chacun, parce que la loi est la volonté de tous.

Vous avez des parents, aidez-les à supporter le poids de leurs travaux ; entrez dans leur affection pour les chérir, et dans leurs peines pour les consoler ; rendez-leur en tendresse ce qu'ils vous prodiguent en soins et en sacrifices ; pliez avec douceur sous leurs remontrances ; détournez votre face de leur faiblesse, et s'ils vous commandaient de mal faire, sachez leur résister avec décence, mais avec fermeté.

Vous avez des voisins, n'allez pas marauder dans leurs cours et jardins ; n'anticipez pas quelques sillons sur leur terre, ne deplacez pas leurs bornes.

Ne coupez pas les troncs, les branches ou les feuilles de leurs arbres, ni leur herbe, ni leurs fruits. Ne gâtez pas leurs moissons et récoltes avec vos bœufs, porcs, volailles, chevaux et moutons.

Vous avez des camarades, promettez-vous les uns aux autres de vous entr'aider, lorsque vous serez plus grand ; aimez-vous : il est doux d'aimer ! vivez unis, l'union est la seule force des petits et des faibles. N'abandonnez donc pas vos compagnons lorsqu'ils souffrent, qu'ils sont malades, qu'ils s'absentent, qu'ils gémissent, qu'ils vous réclament. Apportez-leur vos soins, votre consolation, votre courage, vos instruments, votre travail. Donnez, afin qu'on vous donne ; prêtez afin que vous puissiez emprunter. Faites mieux, donnez même à ceux qui ne vous donneraient pas, prêtez même à ceux qui ne vous prêteraient pas. Faites le bien pour le mal. Obligez les autres pour les autres, non pour vous.

Vous serez soldats, souvenez-vous que pour faire un bon soldat il faut être robuste, et par conséquent tempérant et sobre ; discipliné, et par conséquent obéissant, courageux contre l'ennemi et doux envers les prisonniers.

La nature vous fit égaux, et la loi de votre pays vous a fait libres. De vos chaumières sont sortis de grands magistrats, des dignitaires de l'Eglise,

2

d'illustres savants, d'habiles ministres, d'ingénieux manufacturiers, de brillants artistes et de glorieux capitaines. Il n'y a plus aujourd'hui de classes supérieures, ni de classes inférieures. Il n'y a plus que des individus différents par l'âge, par la fortune, par les vertus, par les talents. Relevez donc votre front avec une assurance modeste, sans orgueil, mais sans rougeur, car vous êtes tous Français, tous admissibles aux emplois, tous également chers à la patrie. Ah ! aimez-la bien cette patrie : la patrie, c'est tous nos concitoyens, grands ou petits, riches ou pauvres ! La patrie, c'est la nation que vous devez honorer, servir et défendre de toutes les facultés de votre intelligence, de toutes les forces de vos bras, de toute l'énergie et de tout l'amour de votre âme.

Aimez la justice et *obéissez aux lois*. Pour ce qui est des devoirs de citoyens, écoutez et suivez le maire de votre commune.

Pour ce qui est des devoirs de la religion, écoutez et suivez le prêtre de votre culte. Aimez vos parents, afin que vos fils vous aiment. Ne laissez pas votre vieux père frapper de ses doigts raides et glacés à votre porte qui ne veut pas s'ouvrir. Ouvrez-la-lui. Laissez-lui la meilleure place au foyer, à la table et au lit. La malédiction des vieillards pèse sur le front du mauvais fils, et le ride avant l'âge.

Ne soyez pas méfiants envers vos supérieurs, uniquement parce qu'ils sont vos supérieurs, lorsqu'ils vous administrent avec fermeté, sagesse et justice ; ni des riches, uniquement parce qu'ils sont riches, lorsqu'ils vous aiment, vous consolent et vous soulagent.

Aimez surtout les pauvres, car après votre père et votre mère, vos frères et vos sœurs, ce sont eux qui ont plus besoin de vous ; qu'ils soient votre seconde famille ; ne leur fermez ni votre porte, ni vos cœurs, ni votre bourse. Donnez-leur surtout du travail, si vous le pouvez, car le travail ne dégrade pas l'homme et le nourrit mieux que l'aumône.

Donner du travail, c'est plus, c'est mieux que de donner de l'argent, c'est la meilleure des charités pour ceux qui la font et pour ceux qui la reçoivent.

Des Lois

D. Qu'entend-on par les lois ?

R. Les actes de l'autorité souveraine qui ont pour but de régler nos actions, d'ordonner, de permettre ou de défendre certaines choses dans l'intérêt de tout le monde.

D. Par qui les lois sont elles faites ?

R. Par les députés élus par la nation qu'ils représentent ; elles sont publiées afin que personne ne les ignore.

D. Comment sont-elles publiées ?

R. On les imprime au *Journal officiel* et au *Bulletin des Lois*, puis elles sont affichées dans chaque localité des départements.

Les lois sont réputées connues dans les départements de la résidence du gouvernement, un jour après leur publication.

D. En est-il de même pour les autres départements ?

R. Non, le délai augmente d'un jour autant de fois qu'il y a dix myriamètres, entre la ville où la publication a été faite et le chef-lieu de chaque département.

D. Quels sont les différents genres de lois ?

R. Il y a d'abord la loi naturelle ; c'est la première de toutes, car elle est l'ensemble des sentiments de justice et de bienveillance que Dieu a gravés dans nos cœurs. C'est la règle de conduite que dicte la raison. Aimer ses père et mère, être reconnaissant envers ses bienfaiteurs, faire pour autrui ce que nous voudrions qu'on fît pour nous, sont les préceptes de la loi naturelle.

Les principales lois faites par les hommes se divisent en lois civiles, criminelles, pénales, commerciales. Elles sont réunies dans les livres appelés *Codes*.

D. Quels sont les principaux Codes français ?

R. Ce sont :

1º Le *Code civil*. Il règle tout ce qui a rapport aux droits civils, à la personne et à la propriété des citoyens ;

2º Le *Code de commerce*. Il règle les transactions entre les marchands ;

3º Le *Code de procédure civile*. Il indique les règles à suivre dans les instructions devant les tribunaux civils ;

4º Le *Code d'instruction criminelle*, qui règle le

mode légal d'instruction dans les délits et les crimes ;

5º Le *Code pénal*, qui détermine la nature des délits et des crimes et leur punition ;

6º Le *Code rural*, qui renferme la législation relative à l'agriculture et aux travaux agricoles ;

7º Le *Code forestier*, qui régit tout ce qui a rapport à l'administration des forêts ;

8º Le *Code de la pêche fluviale*, qui règle tout ce qui a rapport aux fleuves et rivières.

Il y a, en outre, les *Codes militaire, maritime*, de *l'enregistrement*.

D. A qui doit-on ces différents Codes ?

R. A l'empereur Napoléon Iᵉʳ. Ils ont été préparés avec le concours de jurisconsultes et publiés de 1803 à 1810.

D. Quels sont les principaux hommes qui ont travaillé à la préparation de ces Codes ?

R. Ce sont MM. Tronchet, Merlin, Treilhard, Berlier, Portalis, de Malleville, Henrion de Pansey, Bigot de Préameneu.

Des personnes chargées de faire exécuter les lois

D. A qui est confiée l'exécution des lois ?

R. Aux magistrats et aux agents de la force publique.

D. Quels sont ces magistrats ?

R. Ils se divisent en deux classes : les magistrats de l'ordre judiciaire ; les magistrats de l'ordre administratif.

D. Quels sont les magistrats de l'ordre judiciaire ?

R. Les procureurs généraux, les procureurs, chefs des parquets criminels et qui sont, selon la forme du gouvernement : Procureur du roi — Impérial — de la République, les juges des tribunaux civils, commerciaux ou criminels, les juges de paix, les commissaires de police.

D. Quels sont, en général, leurs attributions ?

R. Les uns sont chargés de la poursuite des crimes et délits. Ils procèdent aux instructions, ordonnent l'arrestation des inculpés, réunissent contre eux les preuves de la faute qu'ils ont commise, les traduisent devant un tribunal, les jugent conformément à la loi, et leur appliquent la peine qu'ils ont méritée.

Les autres magistrats judiciaires sont chargés d'examiner les affaires civiles et commerciales, et d'appliquer la loi aux contestations qui sont soumises a leur appréciation.

D. Quels sont les magistrats de l'ordre administratif ?

R. Les préfets, qui sont chargés de l'administration des départements ;

Les maires, qui administrent les villes et les communes.

D. Quels sont les agents de la force publique ?

R. Les gendarmes, les gardes-champêtres, les agents de police, et, au besoin, les soldats de l'armée active. Sur réquisition des magistrats, ils maintiennent l'ordre, portent secours au faible contre le fort, veillent à la sécurité publique, recherchent et arrêtent les malfaiteurs, et assurent l'exécution des lois par la force, s'il en est besoin.

Des Tribunaux.

D. Qu'est-ce qu'un tribunal ?

R. C'est le lieu où les magistrats se réunissent pour juger ensemble et appliquer la loi.

D. Quels sont les différents tribunaux ?

R. Le tribunal civil de première instance ; le tribunal de commerce ; le tribunal de paix ; la cour d'appel ; la cour de cassation ; le tribunal correctionnel ; la cour d'assises.

Des infractions aux lois.

D. Comment nomme-t on les fautes ou infractions punies par les lois ?

R. Elles se divisent en deux classes principales les *délits*, les *crimes*.

D. Qu'est-ce qu'un délit ?

R. C'est la faute que le tribunal correctionnel est appelé à juger et à punir par l'emprisonnement à temps.

D. Quels sont les principaux genres de délits ?

R. Le vol simple ; l'escroquerie ; l'abus de confiance ; le vagabondage ; la mendicité ; l'homicide ; les blessures et les coups involontaires ; les blessures et les coups volontaires ; le faux témoignage en matière correctionnelle ; la calomnie ; la rébellion ; les outrages ; les violences ; le bris de scellés ; les dégradations ; les entraves au libre exercice des cultes ; les menaces ; la tromperie ; la dévastation ; la destruction d'animaux.

D. Qu'est-ce qu'un crime ?

R. C'est la faute grave que la cour d'assises juge et punit par les travaux forcés à temps ou à perpétuité, la déportation, la réclusion ou la mort.

D. Quels sont les principaux genres de crimes ?

R. Le parricide ; l'homicide ; l'empoisonnement ; le vol qualifié ; le faux ; l'incendie ; le pillage ; l'association de malfaiteurs ; le faux témoignage en matière criminelle ; l'extorsion de signature par force ou violence ; les menaces sous condition ; la banqueroute frauduleuse.

Des peines et punitions pour crimes ou délits

Les peines en matière criminelle sont ou afflictives et infamantes ou seulement infamantes.

D. Qu'est-ce que la peine afflictive ?

R. Celle qui afflige le corps, qui cause des souffrances, qui prive de la liberté.

D. Qu'est-ce que la peine infamante ?

R. Celle qui note d'infamie le condamné, en ce qu'elle le dépouille de la réputation d'honorabilité.

D. Quelles sont les peines afflictives et infamantes ?

R. 1° La mort ; 2° les travaux forcés à perpétuité ; 3° la déportation ; 4° les travaux forcés à temps ; 5° la détention ; 6° la réclusion.

D. Quelles sont les peines infamantes seulement ;

R. Le bannissement ; 2° la dégradation civique.

D. Qu'entend-on par ces différentes peines ?

R. Tout condamné à mort aura la tête tranchée.

Les hommes condamnés aux travaux forcés seront employés aux travaux les plus pénibles ; ils traîneront à leurs pieds un boulet, ou seront attachés deux à deux avec une chaîne, lorsque la nature du travail auquel ils seront employés le permettra.

La peine de la déportation consiste à être transporté et à demeurer à perpétuité dans un lieu déterminé par la loi, hors du territoire continental de de la France.

Le condamné à la détention est renfermé dans l'une des forteresses situées sur le territoire continental de France

Le condamné à la réclusion est renfermé dans une maison de force.

Les condamnés au bannissement sont transportés, par ordre du gouvernement, hors du territoire français.

La condamnation à la peine des travaux forcés,

de la détention et du bannissement , emporte la dégradation civique.

D. En quoi consiste la dégradation civique ?

R. 1º Dans la destitution et l'exclusion des condamnés de toutes fonctions, emplois, ou offices publics ; 2º dans la privation du droit de vote, d'élection, d'éligibilité, et, en général, de tous droits civiques et politiques, et du droit de porter aucune décoration ; 3º dans l'incapacité d'être juré-expert, d'être employé comme témoin dans des actes, et de déposer en justice autrement que pour y donner de simples renseignements ; 4º dans l'incapacité de faire partie d'aucun conseil de famille, et d'être tuteur, curateur, subrogé tuteur ou conseil judiciaire, si ce n'est de ses propres enfant, et sur l'avis conforme de la famille ; 5º dans la privation du droit de port d'armes, du droit de faire partie de la garde nationale, de servir dans les armées françaises, de tenir école, ou d'enseigner, et d'être employé dans aucun établissement d'instruction, à titre de professeur, maître ou surveillant.

D. Quelles sont les peines en matière correctionnelle ?

R. L'emprisonnement, qui consiste à être renfermé dans une maison de correction, où le condamné est employé à l'un des travaux établis dans cette maison.

En outre, le tribunal jugeant correctionnellement peut, dans certains cas, interdire tout ou partie de l'exercice des droits civiques, civils, de famille suivants : 1º de vote et d'élection ; 2º d'éligibilité ; 3º d'être appelé ou nommé aux fonctions de jurés au autres fonctions publiques, ou aux emplois d'administration, ou d'exercer ces fonctions où emplois ; 4° de port d'armes ; 5° de vote et de suffrage dans les délibérations de famille ; 6° d'être tuteur, curateur ; 7° d'être expert ou employé comme témoin dans les actes ; 8° de témoignage en justice, autrement que pour y faire de simples déclarations.

Des délits et des crimes.

Rébellion.

D. Qu'est-ce que la rébellion ?

R. C'est le fait de résister par la force aux fonctionnaires ou agents du gouvernement ou de la justice dans l'exercice de leurs fonctions, c'est-à-dire lorsqu'ils sont chargés de faire exécuter la loi.

D. Y a-t-il plusieurs genres de rébellion ?

R. Oui : selon les circonstances dans lesquelles elle a été accomplie elle peut être qualifiée de délit ou de crime de rébellion.

D. Quelles sont les personnes envers lesquelles la rébellion est punissable ?

R. Les officiers ministériels ou avoués, notaires, huissiers ; les magistrats qui sont : les procureurs, les juges, les préfets, les maires, les commissaires de police ; les gardes-champêtres ou forestiers ; la force publique représentée par la gendarmerie ou les militaires ; les préposés à la perception des taxes et des contributions, leurs porteurs de contraintes ; les préposés des douanes ; les séquestres ; les officiers ou agents de la police administrative ou judiciaire.

D. Quand la rébellion est-elle un délit ?

R. 1° Lorsqu'elle n'a été commise que par une ou deux personnes, avec armes ; 2° si elle a eu lieu sans armes ; 3° si elle a été faite par trois personnes, au plus jusqu'à vingt, mais ne portant pas d'armes.

D. Comment est-elle punie ?

R. Dans le premier cas, elle est punie d'un emprisonnement de six mois à deux ans ; dans le second, d'un emprisonnement de six jours à six mois, dans le troisième, d'un emprisonnement de six mois au moins et deux ans au plus.

D. Quand la rébellion est-elle un crime ?

R. 1° Lorsqu'elle a été commise par une réunion armée de trois personnes au plus jusqu'à vingt inclusivement, 2° lorsqu'elle a été commise par plus de vingt personnes avec armes.

D. Comment est-elle punie ?

R. Dans le premier cas, par la peine de la reclusion.

Dans le second, par celle des travaux forcés à temps.

Outrages et Violences.

Envers les dépositaires de l'autorité et de la force publique.

D. Qu'entend-on par le délit d'outrages ?

R. C'est l'action d'une personne qui prononce, contre une autre personne, des paroles qui tendent à inculper l'honneur ou la délicatesse de celui désigné par ces paroles : ainsi, dire monsieur un tel est un coquin, un voleur, etc., constitue l'outrage.

D. Quand ce délit est-il plus particulièrement punissable ?

R. Lorsqu'il est commis envers des magistrats dans l'exercice de leurs fonctions, ou à l'occasion de cet exercice.

Le coupable sera puni d'un emprisonnement de un mois à deux ans. Si, dans les mêmes circonstances, l'outrage a eu lieu par gestes ou menaces, il sera puni d'un mois à six mois d'emprisonnement.

Si l'outrage a eu lieu à l'audience d'une cour ou d'un tribnnal, l'emprisonnement sera de deux à cinq ans.

S'il a eu lieu par gestes ou menaces, il sera puni d'un emprisonnement d'un mois à deux ans.

Enfin, si l'outrage a eu lieu par paroles, par gestes ou menaces envers tout officier ministériel ou agent dépositaire de la force publique, il sera puni d'une amende de seize francs à deux cents francs.

D. En quoi consiste le délit de violence ?

R. A frapper autrui. Tout individu qui, même sans arme et sans qu'il en soit résulté de blessures, aura porté des coups à un magistrat dans l'exercice de ses fonctions, ou à l'occasion de cet exercice, sera puni d'un emprisonnement de deux à cinq ans.

Si le délit a eu lieu à l'audience d'un tribunal, le coupable sera, en outre, puni de la dégradation civique.

Ces mêmes violences, si elles sont exercées contre un officier ministériel, un agent de la force publique, ou un citoyen chargé d'un ministère de service public, seront punies d'un emprisonnement de un mois à six mois.

Si les violences exercées contre les fonctionnaires et agents désignés ci-dessus ont été la cause d'*effusion de sang*, blessures ou maladies, la peine sera la *réclusion ;* si la mort s'en est suivie *dans les quarante jours*, le coupable sera puni des travaux forcés à perpétuité.

Et si, dans les mêmes cas, les violences n'ont pas causé d'effusion de sang, blessure ou maladie, mais si les coups ont été portés avec *préméditation* ou guet-apens, la peine sera la réclusion.

D. Qu'est-ce que la préméditation ?

R. C'est le dessein, formé d'avance, d'attenter à la personne d'un individu.

D. Qu'est-ce que le guet-apens ?

R. Il consiste à attendre plus ou moins longtemps, dans un ou divers lieux, un individu, soit pour lui donner la mort, soit pour exercer sur lui des actes de violence.

Enfin, si le coupable des coups et violences exercées dans les circonstances sus-décrites avait l'*intention de donner la mort*, il sera puni de la peine de mort.

———————

Vols

D. Qu'est-ce que le vol ?

R. C'est l'action de celui qui soustrait frauduleusement, pour en faire son profit, une chose qui ne lui appartient pas.

D. Comment sont punis les voleurs ?

R. Seront punis des travaux forcés à perpétuité : ceux qui se seront rendus coupables de vols commis avec la réunion de cinq circonstances suivantes : 1° si le vol a été *commis la nuit* ; 2° s'il a été commis par deux ou plusieurs personnes ; 3° si les coupables ou l'un d'eux étaient *porteurs d'armes apparentes ou cachées* ; 4° s'ils ont commis le vol, soit *à l'aide d'effraction extérieure*, ou *d'escalade*, ou *de fausses clefs*, dans une *maison*, appartement, chambre ou logement *habités* ou *servant d'habitation*, ou leurs dépendances, soit en prenant le titre d'un fonctionnaire public ou d'un officier civil ou militaire, ou après s'être revêtus de l'uniforme ou du costume du fonctionnaire ou de l'officier, ou en alléguant un faux ordre de l'autorité civile ou militaire ; 5° s'ils ont commis le crime avec violence, ou menacé de faire usage de leurs armes.

Sera puni des travaux forcés à temps, tout individu coupable de vol commis à l'aide de violence, et, de plus, avec deux des quatre premières circonstances ci-dessus désignées. — Si même la violence à l'aide de laquelle le vol a été commis a laissé des traces de blessures ou de contusions, cette circonstance seule suffira pour que la peine de travaux forcés à perpétuité soit prononcée.

Les vols commis sur les chemins publics emporteront la peine des *travaux forcés à perpétuité* lorsqu'ils auront été commis avec deux des circonstances déjà décrites.

Ils emporteront la peine des travaux forcés à temps, lorsqu'ils auront été commis avec une seule de ces circonstances.— Dans les autres cas, la peine sera celle de la réclusion.

D. Qu'entend-on par vol commis la nuit ?

R. C'est le vol accompli avant le lever ou après le coucher du soleil.

D. Qu'entend-on par effraction ?

R. Est qualifié effraction, tout forcement, rupture, dégradation, démolition, enlèvement de murs, toits, planchers, portes, fenêtres, serrures, cadenas ou autres ustensiles ou autres instruments servant à fermer ou à empêcher le passage, et de toute espèce de clôture quelle qu'elle soit.

Les effractions sont extérieures ou intérieures.

Les effractions extérieures sont celles à l'aide desquelles on peut s'introduire dans les maisons, cours, basses-cours, enclos ou dépendances, ou dans les appartements ou logements particuliers.

Les effractions intérieures sont celles qui, après l'introduction dans les lieux, sont faites aux portes ou clôtures du dedans, ainsi qu'aux armoires ou autres meubles fermés. — Est compris dans la classe des effractions intérieures, le simple enlèvement des caisse, boîtes, ballots sous toile et corde, et autres meubles fermés qui contiennent des effets quelconques, bien que l'effraction n'ait pas été faite sur le lieu.

D. Qu'entend-on par escalade ?

R. Est qualifiée escalade, toute entrée dans les maisons, cours, basses-cours, édifices quelconques, jardins, parcs et enclos, exécutée par-dessus les murs, portes, toitures ou toute autre clôture. — L'entrée par une ouverture souterraine autre que celle qui a été établie pour servir d'entrée, est une circonstance de même gravité que l'escalade.

D. Quels tribunaux sont appelés à juger les voleurs ayant accompli des vols à l'aide d'une ou de plusieurs circonstances que nous venons d'énumérer ?

R. Les cours d'assises.

D. Qu'entend-on par *fausses clefs ?*

R. Sont qualifiés fausses clefs, tous crochets, rossignols, passe-partout, clefs imitées, contrefaites, altérées, ou qui n'ont pas été destinées par le propriétaire, locataire, aubergiste ou logeur, aux serrures, cadenas ou aux fermetures quelconques auxquelles le coupable les aura employées.

Quiconque aura contrefait ou altéré des clefs

sera condamné à un emprisonnement de trois mois à deux ans et à une amende de vingt-cinq francs à cent cinquante francs.

Si le coupable est un serrurier de profession, il sera puni de la réclusion.—Le tout sans préjudice de plus fortes pein s, s'il y échet, en cas de complicité de crime.

D. Comment sont punis les autres vols dont les auteurs n'auront pas employé les circonstances aggravantes de port d'armes, d'effraction, d'escalade, de fausses clefs et autres dont nous venons de parler ?

R. Les autres vols que nous n'avons pas spécifiés dans l'énumération qui précède, de même que les larcins ou filouteries, seront punis d'un emprisonnement d'un an à cinq ans, et pourront même l'être d'une amende qui sera de seize francs au moins, et de cinq cents francs au plus.

Bien que, dans la perpétration de ces vols, les circonstances aggravantes n'existent pas, lors même qu'ils sont commis dans une maison habitée, ils sont sévèrement poursuivis et punis, d'autant mieux qu'ils sont plus nombreux. Dans cette catégorie sont les vols aux étalages des marchands, vols fréquents dans les fêtes et les foires; — les détournements de marchandises dans les magasins où le voleur s'introduit, faisant semblant de vouloir acheter; le voleur qui, trouvant ouvertes portes et meubles, entre, enlève l'argent, effets, bijoux, et s'esquive sans avoir été vu, sur le moment. Mais presque toujours l'enquête de la justice fait découvrir les coupables, qui sont traduits devant le tribunal correctionnel.

Il y a encore un genre de fraude que la loi qualifie de tromperie. Ainsi quiconque aura trompé l'acheteur sur le titre, c'est-à-dire la qualité des matières d'or ou d'argent, sur la qualité d'une pierre fausse vendue pour fine, sur la nature de toutes marchandises, ou bien celui qui, par usage de faux poids ou de fausses mesures, aura trompé sur la quantité des choses vendues, sera puni de l'emprisonnement pendant trois mois au moins, un an au plus, et d'une amende qui ne pourra être moindre de cinquante francs, sans préjudice des restitutions.

Les objets du délit ou leur valeur, s'ils appartiennent encore au vendeur, seront confisqués ; les faux poids et les fausses mesures seront aussi confisqués, et de plus seront brisés.

Escroqueries.—Abus de confiance

D. Quand est-on coupable d'escroquerie?

R. Lorsqu'on se fait remettre ou délivrer des fonds, c'est-à-dire de l'argent, des meubles, des obligations, dispositions, billets, promesses, quittances ou décharges, et ce, soit en faisant usage de faux noms ou de fausses qualités, soit en employant des manœuvres frauduleuses pour persuader l'existence de fausses entreprises, d'un pouvoir ou d'un crédit imaginaire, ou pour faire naître l'espérance ou la crainte d'un succès, d'un accident , ou de tout autre événement chimérique.

Remarque.—Ainsi Pierre, cultivateur, fait usage d'un faux nom et d'une fausse qualité, s'il dit se nommer Jean et être marchand de chevaux. Il emploie une manœuvre frauduleuse et persuade l'existence d'une fausse entreprise si, pour se faire prêter de l'argent, il déclare que cet argent doit être employé à l'achat de chevaux, tandis qu'il l'emploie autrement; s'il promet, sur une opération qu'il ne fait pas, une part des bénéfices à la personne qui lui remet les fonds ou les titres.

D. Comment le délit d'escroquerie est-il puni?

R. Par un emprisonnement d'un an, au moins, de cinq ans, au plus, prononcé par le tribunal correctionnel. Il peut, en outre, être passible d'une amende de cinquante francs, au moins, et de trois mille francs, au plus.

D. En quoi consiste l'abus de confiance ?

R. En manœuvres qui ont pour but :

1º D'abuser des besoins, des faiblesses ou des passions d'un mineur, pour lui faire souscrire, à son préjudice, des obligations, quittances ou décharges, pour prêt d'argent ou de choses mobilières, ou d'effets de commerce, ou de tous autres effets obligatoires, sous quelque forme que cette négociation soit faite ou déguisée.

2º En l'abus d'un blanc-seing qui aura été confié au coupable, qui aura frauduleusement écrit au-dessus une obligation ou décharge, ou tout autre acte pouvant compromettre la personne ou la fortune du signataire.

3° Commet aussi l'abus de confiance celui qui aura détourné ou dissipé, au préjudice des propriétaires, des possesseurs ou détenteurs, des effets, deniers, marchandises, billets, quittances ou tous autres écrits contenant ou opérant obligation ou décharge qui ne lui auraient été remis qu'à titre de louage, de dépôt, de mandat, ou pour un travail salarié ou non salarié, à la charge de les rendre ou représenter, ou d'en faire un usage ou un emploi déterminé.

D. Qu'est-ce qu'un mineur?

R. C'est une personne qui n'a pas encore l'âge de vingt-un ans accomplis.

D. Qu'est-ce qu'un blanc-seing?

R. C'est une signature apposée au bas d'une feuille de papier sur laquelle il n'y a aucune autre écriture.

D. Quelle peine le tribunal correctionnel inflige-t-il pour abus de confiance?

R. Ce délit commis au préjudice d'un mineur et l'abus de blanc-seing sont punis par un an au moins, et cinq ans au plus d'emprisonnement, et d'une amende de cinquante francs à trois mille francs.

Dans les autres circonstances, § 3, l'abus de confiance est puni d'un emprisonnement de deux mois au moins, de deux ans au plus, et d'une amende qui ne pourra être moindre de vingt-cinq francs.

Enfin, si l'abus de confiance désigné par le § 3 a

été commis par un domestique, homme de service
à gages, élève, clerc, commis, ouvrier, compagnon,
ou apprenti, au préjudice de son maître, il devient
crime et est puni de la réclusion, par la cour d'assises. Cinq ans au moins, dix ans au plus.

Extorsion de signature

D. Qu'est-ce que le crime d'extorsion de signature?

R. C'est l'action qui consiste à forcer quelqu'un,
à l'aide de violence, de contrainte, de menace, de
donner sa signature, ou de remettre un écrit, un
acte, un titre, une pièce quelconque, contenant ou
opérant obligation, disposition ou décharge.

D. Comment punit-on ce crime ?

R. Par la peine des travaux forcés à temps.

Entraves au libre exercice
des cultes

D. Tout le monde doit respecter le libre exercice
des cultes catholique, protestant, israélite, maho-
métan, ou autres. Les atteintes qui y seraient
portées, troublant toujours essentiellement la paix
publique, comment sont-elles punies ?

R. 1° Sera puni d'une amende de seize francs à

deux cents francs, et d'un emprisonnement de six jours à deux mois, tout particulier qui, par des voies de fait ou des menaces, aura contraint ou empêché une ou plusieurs personnes d'exercer l'un des cultes autorisés, d'assister à l'exercice de ce culte, de célébrer certaines fêtes, d'observer certains jours de repos, et, en conséquence, d'ouvrir ou de fermer leurs ateliers, boutiques ou magasins, et de faire ou quitter certains travaux.

2° Ceux qui auront empêché, ou retardé ou interrompu les exercices d'un culte par des troubles ou désordres causés dans le temple ou autre lieu destiné ou servant actuellement à ces exercices, seront punis d'une amende de seize francs à trois cents francs et d'un emprisonnement de six jours à trois mois.

3° Toute personne qui aura, par paroles ou gestes, outragé les objets d'un culte dans les lieux destinés ou servant actuellement à son exercice, ou les ministres de ce culte dans leurs fonctions, sera punie d'une amende de seize francs à cinq cents francs, et d'un emprisonnement de quinze jours à six mois.

4° Quiconque aura frappé le ministre d'un culte dans l'exercice de ses fonctions, sera puni de la dégradation civique. (Voir page 26.)

Dégradation de monuments

D. Comment se rend-on coupable de ce délit ?

R. En détruisant, abattant, mutilant ou dégradant des monuments, statues et autres objets destinés à l'utilité ou à la décoration publique et élevés par l'autorité publique ou avec son autorisation.

Ce délit est puni d'un emprisonnement d'un mois à deux ans, et d'une amende de cent francs à cinq cents francs.

Diffamation

.D. Qu'est-ce que la diffamation. -

R. C'est l'action de dire du mal de son prochain. La calomnie est l'arme des lâches, ses coupables efforts tendent à ravir à l'homme l'honneur qu'il préfère souvent à la vie. Le calomniateur ne fait pas moins de mal à la société que l'assassin et le voleur; il est d'autant plus dangereux qu'il frappe souvent dans l'ombre.

Est coupable de calomnie ou de diffamation celui qui, dans un lieu public, a, par paroles ou dans un écrit imprimé ou non, allégué des faits pouvant porter atteinte à l'honneur ou à la considération de la personne, ou du corps auquel le fait est imputé ; soit en adressant à des tiers des écrits anonymes contenant contre la personne qui y est désignée des allégations mensongères.

Selon la gravité des circonstances dans lesquelles la calomnie a été commise, elle peut être punie d'un emprisonnement de cinq jours à un an, et d'une amende de vingt-cinq francs à deux mille francs.

Vagabondage

D. Qu'est-ce qu'un vagabond ?

R. Les vagabonds ou gens sans aveu sont ceux qui n'ont ni domicile certain, ni moyen d'existence, et qui n'exercent habituellement ni métier, ni profession.

Comment sont-ils punis ?

R. Ils sont traduits devant le tribunal correctionnel et peuvent être punis de trois mois à six mois d'emprisonnement. Ils seront renvoyés, après avoir subi leur peine, sous la surveillance de la haute police, pendant cinq ans au moins et dix ans au plus.

Néanmoins, les vagabonds âgés de moins de seize ans ne pourront être condamnés à la peine d'emprisonnement ; mais sur les preuves des faits de vagabondage, ils seront renvoyés sous la *surveillance de la haute police*, jusqu'à vingt ans accomplis, à moins qu'avant cet âge ils n'aient contracté un engagement régulier dans les armées de terre ou de mer.

D. Qu'est-ce que la surveillance de la haute police ?

R. L'effet du renvoi sous la surveillance de la haute police sera, de donner au gouvernement le droit de déterminer certains lieux, dans lesquels il sera interdit au condamné de paraître, après qu'il aura subi sa peine. En outre, le condamné devra déclarer, avant sa mise en liberté, le lieu où il veut fixer sa résidence ; il recevra une feuille de route réglant l'itinéraire dont il ne pourra s'écarter, et la durée de son séjour dans chaque lieu de passage. Il sera tenu de se présenter, dans les vingt-quatre heures de son arrivée, devant le maire de la commune ; il ne pourra changer de résidence sans avoir indiqué, trois jours à l'avance, à ce fonctionnaire, le lieu où il se propose d'aller habiter, et sans avoir reçu une nouvelle feuille de route.

En cas de désobéissance aux dispositions qui précèdent, l'individu mis sous la surveillance sera condamné, par les tribunaux correctionnels, à un emprisonnement qui ne pourra excéder cinq ans.

D. Les vagabonds seuls peuvent-ils être soumis à la surveillance ?

R. Non, cette peine peut être prononcée à plus forte raison contre tout individu coupable de délit ou de crime ; et ceux qui auront été condamnés aux travaux forcés à temps, à la détention, à la réclusion, seront de plein droit, après qu'ils auront subi leur peine, et pendant toute leur vie, sous la surveillance de la haute police.

Mendicité

D. En quoi consiste la mendicité ?

R. Elle peut être le résultat de quelques grands malheurs, mais elle est aussi souvent le fruit de la paresse ; dans tous les cas elle conduit presque toujours au crime l'homme qu'elle avilit. — C'est l'action de demander l'aumône, soit dans les villes,

les villages, soit sur les chemins publics. La peine appliquée aux mendiants varie entre trois mois et deux ans d'emprisonnement ; elle est de six mois au moins lorsque les mendiants ont usé de menaces, ou sont entrés sans permission du propriétaire ou des personnes de sa maison, soit dans une habitation, soit dans un enclos en dépendant, ou encore s'ils ont feint, imité des plaies ou infirmités, ou s'ils ont mendié en réunion.

Menaces

La loi a voulu prévenir ces sommations menaçantes signées ou anonymes, à l'aide desquelles des misérables parviennent à terrifier l'homme paisible qui, pour se rédimer de pareilles injonctions, se soumet aux conditions qui lui sont dictées, et dépose ce qui lui a été demandé pour racheter ses propriétés menacées ou sa vie mise en danger.

D. En quoi consistent les menaces et comment sont-elles punies ?

R. 1º Quiconque aura menacé par écrit anonyme ou signé, d'assassinat, d'empoisonnement ou de tout autre attentat contre les personnes, qui serait punissable de la peine de mort, des travaux forcés à perpétuité ou de la déportation, sera puni des travaux forcés à temps, dans le cas où la menace aurait été faite avec ordre de déposer une somme d'argent dans le lieu indiqué, ou de remplir toute autre condition.

2º Si la menace n'a été accompagnée d'aucun ordre ou condition, la peine sera d'un emprisonnement de deux ans au moins et de cinq ans au plus, et d'une amende de cent francs à six cents francs ;

3º Si la menace faite avec ordre ou sous conditions a été verbale, le coupable sera puni d'un emprisonnement de six mois à deux ans, et d'une amende de vingt-cinq francs à trois cents francs.

Du Faux

D. Qu'est-ce que le faux ?

R. Le faux est ce qui est opposé à la vérité. Il se commet par paroles, en faisant de faux serments, de faux témoignages ; par des faits, en usant de faux poids et fabriquant de la fausse monnaie ; par des écrits, en contrefaisant l'écriture ou la signature de personnes publiques ou privées, en composant de faux actes, en altérant des pièces véritables par des ratures, additions ou surcharges.

D. Dans quelles circonstances principales le faux peut-il être commis et comment est-il puni ?

R. 1º Quiconque aura contrefait ou altéré les monnaies d'or ou d'argent ayant cours légal en France, ou participé à l'émission ou exposition desdites monnaies contrefaites ou altérées, ou à leur introduction sur le territoire français, sera puni des *travaux forcés à perpétuité*.

2º Celui qui aura dans les mêmes circonstances que ci-dessus contrefait ou altéré des monnaies de billon ou de cuivre, sera puni des travaux forcés à temps.

3° L'altération ou la contrefaçon de monnaies étrangères sont punies des travaux forcés à temps.

4° Ceux qui auront contrefait le sceau de l'Etat, ou auront fait usage du sceau contrefait; ceux qui auront fait ou falsifié, soit des effets émis par le Trésor national avec son timbre, soit des billets de banques autorisées par la loi, ou qui auront fait usage de ces effets et billets contrefaits ou falsifiés, ou qui les auront introduits dans l'enceinte du territoire français, *seront punis des travaux forcés à perpétuité.*

5° Enfin seront punis de peines qui varient entre les travaux forcés à perpétuité ou à temps, la réclusion, l'emprisonnement de deux à cinq ans, ceux qui auront fait des faux pour l'application de fausses signatures, ou addition ou surcharge d'écritures sur des actes publics ou privés, des écritures authentiques ou publiques, ou de commerce ou de banque, telles que lettres de change, billets à ordre, livres, registres, etc.; ceux qui auront fabriqué de faux passe-ports, ou en auront fait usage, sachant qu'ils étaient faux ; ceux qui auront fabriqué, altéré ou falsifié de faux certificats de bonne conduite, d'indigence ou autres circonstances propres à appeler la bienveillance du gouvernement ou des particuliers sur la personne y désignée, et à lui procurer places, crédit ou secours.

6° Celui même qui, ayant reçu pour bonnes des pièces de monnaies ou des billets de banque, les aura remises en circulation, s'étant aperçu de leur fausseté, sera puni d'une amende triple au moins et sextuple au plus, de la somme représentée par les pièces ou billets qu'il aura rendus à la circulation, sans que cette amende puisse, en aucun cas, être inférieure à seize francs.

Homicide

Meurtre, assassinat parricide, infanticide, empoisonnement.

D. Qu'est-ce que l'homicide?

R. C'est l'action de celui qui, avec ou sans armes, donne volontairement ou tente de donner la mort à autrui.

L'homicide se divise en cinq catégories qui sont :

1° Le meurtre, c'est-à-dire l'homicide commis volontairement mais sans préméditation ni guet-apens.

Il est puni de travaux forcés à perpétuité ; cependant il est puni de mort, lorsqu'il aura précédé, accompagné ou suivi un autre crime. Il sera également puni de mort lorsqu'il aura eu pour objet, soit de préparer, faciliter ou exécuter un délit, soit de favoriser la fuite ou d'assurer l'impunité des auteurs ou complices de ce délit ;

2° Le meurtre commis avec préméditation ou guet-apens est qualifié d'assassinat.

L'assassinat est puni de mort.

3° Est qualifié parricide le meurtre des pères ou

mères légitimes, naturels ou adoptifs, ou de tout autre ascendant légitime.

Le coupable de parricide est puni de mort. Il est conduit au supplice en chemise, nu-pieds et la tête recouverte d'un voile noir. Il doit demeurer exposé aux regards du peuple, pendant la lecture qui lui est faite de son arrêt.

4° Est qualifié infanticide, le meurtre d'un enfant nouveau-né.

Peine : la mort !...

5° Est qualifié empoisonnement tout attentat à la vie d'une personne, par l'effet de substances qui peuvent donner la mort plus ou moins promptement, de quelque manière que ces substances aient été employées ou administrées et quelles qu'en aient été les suites.

L'empoisonnement, le plus lâche de tous les crimes, est puni de mort !

Blessures et coups volontaires ou involontaires ; homicide par imprudence.

R. Qu'entend-on par blessures ou coups ?

R. Des actes de violence, de brutalité, exécutés avec ou sans armes, et qui, dans les diverses circonstances suivantes, entraînent des peines plus ou moins graves, savoir : 1° Sera puni de la réclusion, tout individu qui, volontairement, aura fait des blessures ou porté des coups, s'il en est résulté une maladie ou incapacité de travail personnel pendant plus de vingt jours.

Si *les coups* portés ou les blessures faites volontairement, mais *sans intention de donner la mort l'ont pourtant occasionnée*, le coupable sera puni de la peine des travaux forcés à temps.

Remarque : Coups. Quoique ce mot, dans la loi, soit écrit au pluriel, les peines prévues s'appliquent à un seul coup comme à plusieurs, puisqu'un seul coup porté, avec violence, peut avoir un caractère plus grave et causer un plus grand dommage que plusieurs coups moins violents.

2° Lorsqu'il y aura eu préméditation ou guet-apens, la peine sera, — *si la mort s'en est suivie,*— celle des travaux forcés à perpétuité ; et si la mort ne s'en est pas suivie, celle des travaux forcés à temps.

3° Et lorsque les blessures ou coups n'auront occasionné aucune maladie, ni incapacité de travail, le coupable sera puni d'un emprisonnement de *six jours à deux ans.*

S'il y a eu préméditation ou guet-apens, l'emprisonnement sera de deux à cinq ans, et l'amende de 50 francs à 500 francs.

Enfin, si c'est à ses père ou mère légitimes que le coupable a porté des coups ou fait des blessures, il est plus sévèrement puni, et la peine varie, selon les cas, entre la réclusion, les travaux forcés à temps ou à perpétuité.

4° Celui qui, par maladresse, imprudence, inattention ou inobservation des règlements, *aura commis involontairement un homicide* ou en aura involontairement été la cause, sera puni d'un emprisonnement de trois mois à deux ans et d'une amende de 50 francs à 600 francs.

5° S'il n'est résulté du défaut d'adresse ou de précaution que des blessures ou coups, l'emprisonnement sera de six jours à deux mois, l'amende de 16 francs à 100 francs.

Incendie. — Pillage.

Dévastation.

D. Qu'est-ce que le crime d'incendie ?

R. C'est l'action de mettre volontairement et méchamment le feu à des maisons, des édifices, des navires, bateaux, magasins, chantiers, quand ils sont habités ou servent d'habitation, et généralement aux lieux habités ou servant d'habitation, qu'ils appartiennent ou n'appartiennent pas à l'auteur du crime.

Ce crime est puni de mort !

La peine sera celle des travaux forcés à perpétuité, si l'incendie a été mis dans des lieux non habités et ne servant pas d'habitations, ou dans des forêts, bois-taillis, récoltes sur pied.

Si les bois ou récoltes sont abattus, soit que les bois soient en tas ou en cordes, et les récoltes en tas ou en meules, le coupable, si ces *objets ne lui appartiennent pas*, sera puni des travaux forcés à temps.

Si les objets lui appartiennent, il sera puni de la réclusion.

Dans tous les cas, si l'incendie a occasionné la

mort d'une ou de plusieurs personnes se trouvant dans les lieux incendiés, au moment où il a éclaté, la peine sera : *La mort !*

La menace d'incendier une habitation ou toute autre propriété, peut, selon les circonstances, être punie des travaux forcés à temps ou d'un emprisonnement de deux ans au moins et de cinq ans au plus ; d'une amende de 100 francs à 600 francs et la surveillance de la haute police.

Enfin, quiconque aura volontairement brûlé ou détruit, d'une manière quelconque, des registres, minutes ou actes originaux de l'autorité publique, des titres, billets, lettres de change, effets de commerce ou de banque, contenant ou opérant disposition ou décharge. sera puni ainsi qu'il suit : — Si les pièces détruites sont des actes de l'autorité publique ou des effets de commerce ou de banque, la peine sera la *réclusion*. — S'il s'agit de toute autre pièce, le coupable sera puni d'un emprisonnement de deux à cinq ans, et d'une amende de 100 francs à 300 francs.

D. Quand est-on coupable de pillage ou de dévastation ?

R. 1° Lorsqu'on se met en réunion ou bande, et que, à force ouverte, on pille des denrées ou marchandises, effets, propriétés mobilières, et qu'on occasionne des dégâts. Les coupables seront condamnés aux travaux forcés à temps, et chacun d'eux sera, de plus, condamné à une amende de 200 francs à 5,000 francs.

2° Quiconque à l'aide d'une liqueur corrosive, ou par tout autre moyen, aura volontairement gâté des marchandises ou des matières servant à fabrication, sera puni d'un emprisonnement d'un mois à deux ans, et d'une amende qui ne pourra être moindre de 16 francs.

Si le délit a été commis par un ouvrier de la fabrique ou par un commis de la maison de commerce, l'emprisonnement sera de deux à cinq ans.

3° Quiconque aura dévasté des récoltes sur pied ou des plants venus naturellement ou faits de main d'homme, sera puni d'un emprisonnement de deux ans au moins et de cinq ans au plus. Les coupables pourront, en outre, être placés sous la surveillance de la haute police.

4° Quiconque aura abattu un ou plusieurs arbres, qu'il savait appartenir à autrui, sera puni d'un emprisonnement qui ne sera pas au-dessous de six jours, ni au-dessus de six mois, à raison de chaque arbre, sans que la totalité puisse excéder cinq ans.

5° Les peines seront les mêmes à raison de chaque arbre mutilé, coupé ou écorcé de manière à le faire périr.

6° S'il y a eu destruction d'une ou plusieurs greffes, l'emprisonnement sera de six jours à deux mois, à raison de chaque greffe, sans que la totalité puisse excéder deux ans.

7° Quiconque aura coupé des grains ou des fourrages, qu'il savait appartenir à autrui, sera puni d'un emprisonnement qui ne sera pas au-dessous de six jours ni au-dessus de deux mois.

8° Toute rupture, toute destruction d'instruments d'agriculture, de parcs de bestiaux, de cabanes de gardiens sera punie d'un emprisonnement d'un mois au moins, d'un an au plus.

9° Quiconque aura, en tout ou en partie, comblé des fossés, détruit des clôtures, de quelques matériaux qu'elles soient faites, coupé ou arraché des haies vives ou sèches ; quiconque aura déplacé ou supprimé des bornes, ou pieds corniers, ou autres arbres plantés ou reconnus pour établir les limites entre différents héritages, sera puni d'un emprisonnement qui ne pourra être au-dessous d'un mois, ni excéder une année.

Corruption de fonctionnaires.

D. Qu'est-ce que la corruption ?

R. C'est un moyen que l'on emploie ou que l'on tente d'employer pour détourner quelqu'un de son devoir et l'engager à faire une chose qui est contre sa conscience.

Une grave erreur, assez accréditée dans les campagnes, fait croire à certaines personnes qu'en faisant des *cadeaux*, en argent ou autrement, à des employés ou fonctionnaires, il leur sera facile d'obtenir des faveurs ou de se soustraire aux rigueurs de la loi.

Voici comment la corruption est punie :

Quiconque aura contraint ou tenté de contraindre par voies de fait ou menaces, corrompu ou tenté de corrompre par promesses, offres, dons ou présents, un fonctionnaire public de l'ordre administratif ou judiciaire, tout agent ou préposé d'une administration publique, pour obtenir, soit une opinion favorable, soit des procès-verbaux, états, certificats ou estimations contraires à la vérité, soit des places, emplois, adjudications, entreprises ou autres bénéfices quelconques, soit enfin tout autre acte du ministère du fonctionnaire, agent ou préposé, sera, *si les tentatives de contrainte ou corruption n'ont eu aucun effet*, puni d'un emprisonnement de trois mois au moins et de six mois au plus, et d'une amende de cent francs à trois cents francs.

Mais si le fonctionnaire, agent ou préposé avait accepté les offres à lui faites, le corrupteur serait, comme lui, puni de la dégradation civique et condamné à une amende double de la valeur des promesses agréées ou des choses reçues, sans que ladite amende puisse être inférieure à deux cents francs.

De quelques infractions

Qui se commettent plus particulièrement dans les campagnes.

Quiconque empoisonne les bestiaux à cornes, les moutons, chèvres ou porcs, ou des poissons dans les étangs, viviers ou réservoirs, est puni d'un emprisonnement d'un an à cinq ans, et d'une amende de seize francs à trois cents francs ; le coupable peut être mis, par l'arrêt ou le jugement, sous la surveillance de la haute police pendant deux ans au moins et cinq ans au plus.

Ceux qui sans nécessité ont tué l'un des animaux mentionnés à l'article précédent, sont punis ainsi qu'il suit : si le délit a été commis dans les bâtiments, enclos et dépendances, ou sur les terres dont le maître de l'animal tué est propriétaire, locataire, colon ou fermier, la peine est un emprisonnement de deux mois à six mois ; s'il a été commis dans les lieux dont le coupable est propriétaire, locataire, colon ou fermier, l'emprisonnement est de six jours à un mois ; s'il a été commis dans tout autre lieu, l'emprisonnement est de quinze jours à six semaines. Le maximum de la peine est toujours prononcé, s'il y a eu violation de clôture.

Quiconque tue, sans nécessité, un animal domestique dans un lieu dont celui à qui cet animal appartient est propriétaire, locataire, colon ou fermier, est puni d'un emprisonnement de six jours au moins et de six mois au plus. S'il y a eu violation de clôture, le maximum de la peine sera prononcé.

Les dégâts que les bestiaux de toute espèce, laissés à l'abandon, feront sur les propriétés d'autrui, soit dans l'enceinte des habitations, soit dans un enclos rural, soit dans les champs ouverts, seront payés par les personnes qui ont la jouissance des bestiaux : si elles sont insolvables, ces dégâts seront payés par celles qui en ont la propriété.

Le propriétaire qui éprouvera les dommages aura

le droit de saisir les bestiaux, sous l'obligation de les faire conduire, dans les vingt-quatre heures, au lieu de dépôt, qui sera désigné à cet effet par la mu- nicipalité.

Il sera satisfait aux dégâts par la vente des bestiaux, s'ils ne sont pas réclamés, ou si le dommage n'a pas été payé dans la huitaine du jour du délit.

Si ce sont des volailles, de quelque espèce que ce soit, qui causent le dommage, le propriétaire, le détenteur ou le fermier qui l'éprouvera pourra les tuer, mais seulement sur le lieu, au moment du dégât.

Dans les lieux qui ne sont sujets ni au parcours, ni à la vaine pâture, pour toute chèvre trouvée sur l'héritage d'autrui, il sera payé une amende de la valeur d'une journée de travail. Dans les pays de parcours ou de vaine pâture, où les chèvres ne sont pas rassemblées et conduites en troupeau commun, on ne peut les mener aux champs qu'attachées, sous peine d'amende de la valeur d'une journée de travail par chaque tête d'animal. Dans tous les cas, si elles ont fait du dommage aux arbres, vignes, jardins, l'amende sera double, sans préjudice du dédommagement dû au propriétaire.

Les pâtres et les bergers ne peuvent mener leurs troupeau dans les champs moissonnés et ouverts que deux jours après la récolte entière, sous peine d'une amende de la valeur d'une journée de travail; l'amende est double si les bestiaux ont pénétré dans un enclos rural.

Les conducteurs de bestiaux revenant des foires

ou les menant d'un lieu à un autre, même dans les pays de parcours ou de vaine pâture, ne peuvent les laisser pacager sur les terres des particuliers, ni sur les biens communaux, sous peine d'une amende de la valeur de deux journées de travail, en outre du dédommagement. L'amende sera égale à la valeur du dédommagement si le dommage a été fait sur un terrain ensemencé ou qui n'a pas été dépouillé de ses récoltes, ou dans un enclos rural. A défaut du payement, les bestiaux pourront être saisis et vendus jusqu'à concurrence de ce qui est dû pour l'indemnité, l'amende et autres frais relatifs; il pourra même y avoir lieu envers les conducteurs à la détention de police municipale, suivant les circonstances.

— Quiconque est trouvé gardant à vue ses bestiaux dans les récoltes d'autrui, sera condamné, en outre du payement du dommage, à une amende égale à la somme du dédommagement, et pourra l'être, suivant les circonstances, à une détention qui n'excédera pas une année.

—Les propriétaires d'animaux trouvés de jour en délit dans les bois de dix ans et au-dessus, sont condamnés à une amende d'un franc pour un cochon, deux francs pour une bête à laine, trois francs pour un cheval et autres bêtes de somme, quatre francs pour une chèvre, cinq francs pour un bœuf, une vache ou un veau. — L'amende est double si les bois ont moins de dix ans, sans préjudice, s'il y a lieu, des dommages-intérêts.

— Dans le cas de récidive des délits forestiers, la peine est toujours doublée. — Il y a récidive, lorsque, dans les douze mois précédents, il a été rendu contre le délinquant ou contrevenant un premier jugement pour délit ou contravention en matière forestière. Les peines sont également doublées lorsque les délits ou contraventions sont commis pendant la nuit. — Dans tous les cas, il y a lieu à adjuger des dommages-intérêts, qui ne peuvent être inférieurs à l'amende simple prononcée par le jugement.

— Le voyageur qui, par la rapidité de sa voiture, ou de sa monture, tue ou blesse des bestiaux sur les chemins, est condamné à une amende égale à la la somme du dédommagement dû aux propriétaires des bestiaux.

— Les bestiaux morts seront enfouis dans la journée à quatre pieds de profondeur, par le propriétaire, et dans son terrain, ou voiturés à l'endroit désigné par la municipalité, pour y être également enfouis, sous peine, par le délinquant, de payer une amende de la valeur d'une journée de travail, et les frais de transport et d'enfouissement.

— Ceux qui laissent passer leurs bestiaux sur le terrain d'autrui, avant l'enlèvement de la récolte, sont punissables d'amende depuis un franc jusqu'à cinq francs, et, en cas de récidive, de trois jours de prison.

Si le même fait est commis sur le terrain ensemencé ou chargé de récolte, en quelque saison que ce soit, ou dans un bois taillis, le contrevenant est puni d'amende depuis six francs jusqu'à dix, et de cinq jours de prison s'il y a récidive.

— Sont punis d'amende depuis onze francs jusqu'à quinze, et de cinq jours de prison en cas de récidive, ceux qui mènent sur le terrain d'autrui des bestiaux de quelque nature qu'ils soient, et notamment dans les prairies artificielles, dans les vignes, oseraies, plants de câpriers, d'oliviers, de mûriers, de grenadiers, d'orangers et d'arbres du même genre, dans tous les plants ou pépinières, d'arbres fruitiers et autres, faits de main d'homme.

— Ceux qui laissent divaguer des animaux malfaisants ou féroces, qui excitent ou ne retiennent pas leurs chiens lorsqu'ils attaquent ou poursuivent les passants, quand même il n'en serait résulté aucun mal ni dommage, commettent une contravention punissable d'amende depuis six francs jusqu'à dix francs inclusivement et d'emprisonnement de cinq jours en cas de récidive.

Toute personne convaincue d'avoir, de dessein prémédité, méchamment, sur le territoire d'autrui, blessé ou tué des bestiaux ou chiens de garde, est condamné à une amende double de la somme de dédommagement. Elle peut être détenue un mois, si l'animal n'a été que blessé, et six mois s'il est mort de sa blessure ou en est resté estropié ; la détention peut être d'un espace de temps double si le délit a été commis la nuit, ou dans une étable ou dans un clos rural.

Le Code pénal punit d'une amende de onze à quinze francs inclusivement, 1º ceux qui occasionnent la mort ou la blessure des animaux ou bestiaux appartenant à autrui, — par l'effet de la divagation d'animaux malfaisants ou féroces, — ou par la rapidité, ou la mauvaise direction, ou le chargement excessif des voitures, chevaux, bêtes de traits, de charge ou de monture ; 2° ceux qui occasionnent les mêmes dommages par jet de pierres ou d'autres corps durs ; par l'encombrement ou l'excavation, ou telles autres œuvres, dans ou près les rues, chemins, places ou voies publiques, sans les précautions ou signaux ordonnés ou d'usage. Il peut être, suivant les circonstances, prononcé une peine d'emprisonnement de 5 jours ; et, en cas de récidive, il y a toujours lieu à prononcer cette peine pour cinq jours.

Glanage.

On nomme glanage l'action de ramasser les épis qui restent sur le champ après que la récolte est enlevée.

Pour qu'il ne se commît point d'abus de la part des glaneurs, la loi a voulu :

1° Que le glanage ne fût permis que dans les champs, prés, vignes récoltés et ouverts, et qu'il fût interdit dans tout enclos rural ;

2° Que les glaneurs ne pussent entrer dans les champs, prés, vignes, récoltés et ouverts, pour y glaner, qu'après l'enlèvement entier de la récolte, ni avant le lever, ni après le coucher du soleil.

Le Code pénal prononce une amende de un franc à cinq francs contre ceux qui, sans autre circonstance, auront glané, râtelé, grapillé dans les champs non encore entièrement dépouillés et vidés de leur récoltes, ou avant le moment du lever ou après celui du coucher du soleil.

Pour que cette partie des fruits de la terre, laissés après la récolte, puisse être recueillie librement par les malheureux glaneurs, la loi **veut** que les pâtres et les bergers ne puissent conduire leurs troupeaux et bestiaux sur les champs récoltés, que deux jours après la récolte entière, sous peine d'amende de la valeur d'une journée de travail.

Ne gardez pas ce que vous trouvez.

Un objet quelconque, trouvé sur la voie publique, appartient toujours à quelqu'un et doit être rendu à son propriétaire.

La morale le veut ainsi, et la loi, d'accord avec la morale, le veut également.

Mais, dira-t-on, si le propriétaire est inconnu, est-on condamné à le découvrir ? Du tout, seulement il y a un maire dans chaque commune, un commissaire de police dans chaque ville, dans chaque canton, c'est à ces magistrats qu'il faut porter sa trouvaille.

Agir autrement, détenir l'objet trouvé, c'est commettre un *vol* qui tombe sous l'application du Code pénal.

Personne ne devrait ignorer cela, et cependant chaque jour, devant la police correctionnelle, on voit des gens fort surpris d'être traités comme voleurs, parce qu'ils se sont appropriés ce que d'autres avaient perdu.

Ne faites pas de bruits nocturnes.

Il y a des gens qui se figurent qu'ils ont le droit de tout faire chez eux. Je suis chez moi, vous disent-ils, donc je suis libre !

Sans doute, vous êtes libre chez vous, mais en tant que vous ne m'incommoderez pas. Sans cela j'ai le droit de me plaindre.

Ne croyez donc pas avoir le droit de chanter, de jouer d'un instrument bruyant la nuit, de manière à troubler le repos des habitants. Le Code pénal a prévu encore cette propension humaine à la malignité, ce désir méchant de taquiner son voisin.

Les bruits nocturnes sont punissables. On entend par ces mots les attroupements, les réunions tumultueuses, les tapages, les cris, les chants, les charivaris, qui pendant la nuit troublent le repos public.

Pour réprimer cette contravention aux lois et réglements sur la tranquillité publique, le Code pénal a prononcé contre les auteurs et les complices dès bruits nocturnes, les peines suivantes :

« Seront punis d'une amende de onze à quinze francs inclusivement, les auteurs ou complices de bruits ou tapages injurieux ou nocturnes, troublant la tranquillité des habitants.

» Ils pourront, en outre, selon les circonstances, être punis de la peine d'emprisonnement pendant cinq jours au plus. »

Correction paternelle.

D. Qu'est-ce que la correction paternelle ?

R. Le droit qu'a le père de famille d'infliger à ses enfants une punition en les faisant mettre en prison.

D. Dans quel cas le père peut-il exercer ce droit?

R. Lorsqu'il aura des sujets de mécontentement graves sur la conduite de l'enfant.

D. Que doit faire le père pour obtenir l'autorisation de faire enfermer son fils ou sa fille?

R. Une simple demande au président du tribunal de l'arrondissement, sans qu'il soit besoin de formalité judiciaire.

D. Quelle peut être la durée de l'emprisonnement?

R. Si l'enfant est âgé de moins de seize ans commencés, il pourra être détenu pendant un temps qui ne pourra excéder un mois.

Depuis l'âge de seize ans commencés jusqu'à la majorité, le père pourra requérir la détention de son enfant pendant six mois au plus.

D. Le père est-il le maître d'abréger la durée de la détention par lui ordonnée ou requise?

R. Oui, mais si, après sa sortie, l'enfant tombe dans de nouvelles fautes, il pourra de nouveau être mis en prison, sur la demande de son père.

L'autorité des père et mère, leur droit de régler et diriger la conduite de leur enfant, resteraient inefficaces, s'ils ne pouvaient infliger à celui-ci des punitions plus ou moins sévères, selon la gravité des fautes commises.

Le droit de correction est la conséquence du droit d'éducation.

TABLE DES MATIÈRES